ÉLOGE

DE

M. DE VOISINS-LAVERNIÈRE,

PAR

M. le Cte Raymond DE TOULOUSE-LAUTREC,

un des quarante Mainteneurs.

TOULOUSE,

IMPRIMERIE DOULADOURE;

ROUGET FRÈRES ET DELAHAUT, SUCCESSEURS,

rue Saint-Rome, 39.

—

1866.

ÉLOGE
DE
M. DE VOISINS-LAVERNIÈRE,

Lu en Séance publique, le 29 Avril 1866;

Par M. le Cte Raymond DE TOULOUSE-LAUTREC,
un des quarante Mainteneurs.

MESSIEURS,

Parmi les usages académiques, le tribut payé à la mémoire des confrères enlevés à notre Compagnie est un de ceux qui éveillent les sympathies les plus légitimes. Il a donné naissance à cette longue galerie de portraits de famille, où l'Académie retrouve avec la date de ses deuils, le doux et mélancolique souvenir des amitiés évanouies, la trace des relations aimables à jamais brisées. L'oubli croît sur les tombes plus pressé que l'herbe. La mer immense où chacun sombre à son tour efface rapidement tout sillage. Aussi, j'ose le dire, rien de meilleur, de plus émouvant dans sa grave solennité que cet hommage de regrets inaugurant une fête, et devançant l'expression d'une joie qui console, mais qui ne fait pas oublier.

Raviver le souvenir d'actions publiques; — rappeler l'attention sur des œuvres de l'esprit, écrites depuis longtemps, rarement placées encore sous la main des lecteurs, plus souvent flottantes et perdues au gré

des caprices et de la mobilité de la mode et du goût ;
—retracer une vie au grand jour , donnée à la foule
et lui appartenant ; l'éclairer d'échappées discrètes sur
ce quelque chose d'indéfinissable qui est l'homme ;
indiquer, par une touche plus émue le regard tourné
vers la famille ou l'intimité : telle est d'ordinaire la
tâche dévolue dans les assemblées littéraires et politiques, à celui qui est chargé de faire revivre l'image
d'un confrère disparu.

Mais pénétrer dans une existence volontairement
cachée ; mais amener en pleine lumière une figure
délibérément voilée ; entrer et faire entrer le monde
dans un sanctuaire privé, fermé aux regards étrangers, où se concentrait, s'épurait, s'élevait dans la
solitude une âme remontée vers Dieu ; faire ainsi une
sorte de violence à une volonté d'autant plus digne de
respect qu'elle était plus humble : c'est là, Messieurs,
une mission plus malaisée, plus délicate, et c'est celle
que vous m'avez confiée en me chargeant de vous
entretenir de votre très-digne , très-excellent et très-
honoré confrère, Marie-Joseph-François-Victor-Ma-
rius de VOISINS-LAVERNIÈRE , Mainteneur et doyen
de l'Académie des Jeux Floraux, ancien Député, ancien
membre du Conseil général du Tarn , ancien Maire
de Lavaur.

Je l'ai acceptée, sans consulter mes forces , et sui-
vant l'élan de mon cœur, avec respect et reconnais-
sance , comme une faveur d'autant plus précieuse que
ma récente entrée parmi vous me donnait moins de
droits de l'espérer. Il y a , en effet, un bénéfice mo-
ral à vivre par le souvenir dans une telle compagnie ; à scruter cette nature immolée à Dieu ; à s'in-
téresser à celui qui s'était peu à peu désintéressé de
tout ; à suivre ce chrétien austère pour lui-même,
indulgent pour les autres dans sa marche sereine vers

l'éternité : — et je remplis un devoir bien doux , moi qui l'ai longtemps aimé et respecté , en m'efforçant de le faire connaître à ceux qui, moins favorisés, n'ont jamais même rencontré son regard.

M. de Voisins-Lavernière était né le 29 août 1786, dans un moment où la France semblait folle de liberté, et il devait mourir soixante-dix-neuf ans plus tard , dans un temps où son pays paraîtrait possédé pour l'autorité d'une passion semblable. Entre ces deux termes, que de péripéties , de tâtonnements, d'essais, d'évolutions, de changements au point de vue des hommes et des choses, et quelle trempe d'âme il a fallu pour marcher toujours droit , dans une unité parfaite de foi, de croyances religieuses, d'attachements politiques , pour aller du berceau jusqu'à cette tombe lointaine , sans dévier un seul instant de la voie tracée !

Tel est le caractère particulier de cette vie, et voilà pourquoi, avec des facultés remarquables, M. de Voisins a côtoyé les événements plus qu'il n'y a été mêlé, voilà pourquoi il fut surtout homme de retraite , lui qui se sentait homme de travail et d'action.

Il appartenait à une famille ancienne et considérable de Lavaur, dont les plus récentes alliances avaient eu un grand éclat. Il avait dans ses veines du sang de cette race guerrière et lettrée des Villeneuve (1) , mêlée à toutes les gloires de la France , si populaire dans notre Midi, si chère à l'Académie, qui lui a demandé, dans ces dernières années, comme une vivante image de sa gracieuse fondatrice (2).

Dieu lui avait accordé, à son entrée dans la vie, une grâce sans mesure. Il l'avait fait naître de parents

(1 Le grand-père de M. de Voisins , avait épousé Geneviève de Villeneuve Lanrazous.

(2) Mme la M^is² de Villeneuve-Arifat née de Villeneuve , a reçu les lettres de Maître ès Jeux Floraux en 1857.

dignes de ce titre, capables de remplir cette fonction si grande, si solennelle, que la faiblesse de l'homme eût succombé devant elle, si Dieu ne pénétrait son cœur de tout ce que l'amour a de plus tendre et de plus fort, au moment où il lui impose tout ce que le devoir a de plus austère. Les années n'ont pas effacé le renom de sagesse, de douceur et de bonté de son père, Jean-Marius de Voisins-Lavernière, trésorier de France ; — sa mère, Jacquette-Françoise-Marguerite de Corn, était issue d'une des plus nobles familles du Quercy ; de cette contrée aux aspects sévères et pittoresques, mère nourricière d'hommes courageux et croyants, qui réclame comme siens les martyrs de César à Uxellodunum, et montre avec fierté, en souvenir des temps féodaux, le vieux donjon de Turenne ; et en témoignage de sa foi, le glorieux sanctuaire de Rocamadour. Mme de Voisins était la digne fille de cette terre et de cette race. Quand les fées bienfaisantes ont fui devant le scepticisme des temps modernes, une seule est restée ; elle ne disparaîtra jamais, elle se tiendra toujours auprès des berceaux privilégiés ; c'est une bonne mère : une bonne mère ! la première bénédiction de l'enfant qui est sa première joie.

M. et Mme de Voisins eurent six fils ; celui dont je raconte la vie, était l'aîné de tous.

Nous gardons toujours l'empreinte du milieu dans lequel nous sommes nés. Aux influences vertueuses et salutaires de la famille, vinrent se joindre celles de la ville natale. Comme les individus, les pays ont leur caractère. Celui qui vit naître M. de Voisins est un pays où les convictions sont ardentes et profondes. La vieille ville, groupée dans une plaine magnifique, autour de sa majestueuse cathédrale, Lavaur, a conservé le sceau d'un passé tragique et brillant. Le temps n'est plus où elle était la plus forte place de guerre du Languedoc ; les siècles ont effacé les vestiges d'un siége long et mémorable (1), et la mémoire du Concile (2) et des Etats (3) réunis dans ses murs ; la Révolution lui a enlevé ses évêques, mais la cité pieuse et vaillante a conservé quelque chose de son double caractère et l'a transmis à ses enfants.

Ainsi ce fut au sein d'une famille où la vertu était héréditaire, au milieu de fortes traditions religieuses et patriotiques, que se forma cette jeune âme, destinée à rester toujours inébranlablement fidèle à ses croyances natives.

Lorsque M. de Voisins vint au monde, la société française était déjà ébranlée par de formidables secousses. La terre tremblait, l'orage était dans l'air. Les signes précurseurs d'un bouleversement inouï se montraient depuis longtemps ; lorsqu'il fallut commencer son éducation, tout s'était écroulé : la royauté, les lois, les mœurs, tout était dans un pêle-mêle effroyable ; l'impiété trônait ; elle avait banni Dieu des autels profanés, et s'adorait elle-même sous la forme étrange d'une déesse variable et fantasque, — à Paris, la Terreur, aux frontières, la valeur héroïque ; — dans les provinces, l'émeute, l'insulte, les attentats de toute espèce ;—les petits proconsuls singeant les tyrans. C'était une rude époque pour tous, et le malheur des temps pesait aussi sur ces jeunes et souriantes têtes que ne pouvait pas menacer l'échafaud. Les colléges étaient fermés, l'éducation publique impossible (4); il fallait cependant préparer des hommes pour

(1) En 1211.

(2) En 1213.

(3) 1594. Le Parlement de Toulouse a aussi siégé plusieurs fois à Lavaur, depuis l'année 1456.

(4) Voir l'Éloge de M. Cavalié, par M. de Voisins-Lavernière, Recueil de 1833, pag. 157. Éloge d'A. Soumet, par le même. Recueil de 1847, pag. 7.

ce pays qui devait renaître. Un précepteur fut trouvé, M. Daribère, homme de cœur, d'esprit et de savoir, plus tard, professeur de seconde au Collége royal de Toulouse. Il entra de toute son âme dans ses fonctions, et prépara les élèves qui lui étaient confiés, pour un avenir gros de nuages.

A une petite distance de Lavaur, dans une vaste presqu'île formée par l'Agoût, une des rivières les plus capricieuses et les plus bizarres en leurs replis, à l'ombre d'arbres séculaires, s'élevait une riante et paisible demeure. Un horizon un peu serré, dominé par le vieux château d'Ambres, aux souvenirs chevaleresques; de riantes échappées sur la plaine et sur les berges escarpées de la rivière : tel était l'asile où M. et Mme de Voisins avaient abrité leur jeune famille.

Quand les villes fermentent et bouillonnent, quand la fureur emporte, souvent plus loin qu'ils n'auraient voulu, des esprits oisifs et inquiets, le désordre s'arrête aux faubourgs. La violence n'a que par exception prise sur les natures rudes, énergiques, mais patientes et sensées des paysans. Il y a dans les campagnes des pépiniéres de soldats et non pas d'émeutiers.

Cette éducation de six enfants sous la Terreur se poursuivait donc dans une paix relative. On ne se représente pas assez, en présence des grands cataclysmes du passé, ce que fut, pendant qu'ils s'accomplissaient, la position des contemporains. On ne pense pas à la longueur mortelle de ces jours, de ces heures dont les alarmes, les menaces, les angoisses, une à une attendues et supportées, forment cet ensemble effrayant que résument plus tard dix lignes de l'histoire.

En France, dans notre généreux pays, un régime comme celui de 93 ne peut longtemps durer. Le ciel se rasséréna peu à peu, et la petite colonie put quitter sa retraite protectrice pour aller chercher à Toulouse des ressources plus étendues. M. de Voisins fut alors confié à M. Ruffat, homme d'un rare mérite, dont la mémoire a été chère à toute une génération, et qui devait retrouver un jour son élève comme confrère à l'Académie (1).

Cependant les événements marchaient avec une rapidité foudroyante. Le gouvernement corrompu qui avait succédé à la Terreur était tombé ; la France désorganisée, accablée de lassitude, sentait venir un maître ; les autels se relevaient, la sécurité renaissait, les frontières de la Patrie s'ouvraient pour les Proscrits :

« Déjà Napoléon perçait sous Bonaparte, »

comme a dit le Poëte dans son meilleur temps.

Malgré l'ardeur de leurs opinions, leur culte pour leurs souvenirs politiques, leur amour pour le Roi, cette seconde religion de nos pères, M. et Mme de Voisins voulurent que leurs fils payassent leur dette à la patrie ; elle s'acquittait alors presque uniquement avec du sang, sur le champ de bataille. Plus que jamais la France était un soldat ! Tous furent destinés à la carrière militaire, à ce noble métier dont le privilége est de laisser l'indépendance de l'âme intacte sous le joug rigoureux et nécessaire de la discipline. En 1804, M. de Voisins était à Paris : grave et sérieux, d'une raison mûrie avant l'âge, il ne se laissa pas séduire par l'éclat de l'uniforme et l'attrait des aventures guerrières. Ce fut par l'Ecole Polytechnique qu'il voulut parvenir, parce que là, à côté de l'activité des camps, il y avait la place d'une plus ample culture de l'esprit. Il était entré dans une

(1) M. Ruffat fut nommé Mainteneur deux ans après M. de Voisins en 1821.

école préparatoire spéciale et travaillait avec ardeur, lorsqu'une maladie cruelle, qui affaiblit pour long-temps sa santé, le força à abandonner ses études et anéantit ses espérances. Dieu lui ménageait une autre destinée ; il voulait le ranger parmi ceux qui font le bien, obscurément.

Les fonctions civiles, convenant mieux peut-être en apparence à ses aptitudes, lui auraient encore ouvert de larges perspectives. L'indépendance de son caractère, ses sentiments, ses principes, firent sans doute reculer le jeune royaliste. Il aurait pu, dans les combats, se mêler à des luttes éblouissantes, et se laisser entraîner par le prestige de la grandeur, de la puissance et de la gloire. Il répugna à prendre part à l'action calme et réfléchie du mécanisme inté-rieur. Il craignit d'engager sa responsabilité dans des actes qui souvent blessaient ses croyances et ses affec-tions les plus chères et les plus élevées. Il avait de l'am-bition, de l'énergie, une activité dévorante, un indicible amour du travail, il dut lui en coûter beaucoup de re-noncer à tout ce que pouvait lui réserver l'avenir. Re-venu à Lavaur et à Toulouse, auprès de sa mère, une de ces femmes fortes, au grand cœur, qui marquent leurs fils de leur saine et indélébile empreinte, il s'oc-cupa exclusivement d'études littéraires. Il pâlissait sur les livres, il écrivait, il composait des vers, il projetait de vastes travaux, s'essayait dans tous les genres ; il se livrait à cette passion entraînante bien que réflé-chie de l'étude, dont le seul but désormais était le développement de ses facultés et l'acquisition de con-naissances nouvelles. Il vivait beaucoup dans le monde ; il y obtenait un accueil et des succès flatteurs.

Etre homme du monde n'était pas alors une siné-cure. Je ne veux pas faire le procès de mon temps. Les habitudes peuvent avoir changé, les hommes sont les mêmes : mais je puis dire qu'alors il y avait des salons, du mouvement, de la vie, de la conversation, et que, si l'on n'avait pas plus d'esprit qu'à présent, au moins on ne dédaignait pas autant de s'en servir. Ce qu'étaient ces salons, je ne tenterai pas de vous le dire ; vous ne l'avez pas oublié. Chaque fois qu'un de ceux de vos confrères qui en ont été l'honneur est tombé, un des vôtres en a redit le charme avec une élégance que je ne saurais atteindre, et un accent de regret dont j'aurais peine à approcher, ne les ayant pas connus. La femme dans son salon était une souveraine, et ceux qui aspiraient à se ranger sous son sceptre gracieux devaient faire leurs preuves d'esprit, comme, au moyen âge, les chevaliers devaient faire leurs preuves de vaillance. C'était un tournoi à armes courtoises, bien que parfois peut-être un peu affilées. L'homme du monde, n'apportant pas un contingent circonscrit dans les bornes d'une spécialité positive, ne devait être étranger à rien, car, en franchissant le seuil de cette demeure hospitalière, il fallait pouvoir joûter... je veux dire s'entretenir avec tous venants, avec le poëte comme avec l'homme de loi, avec le soldat et avec le savant, avec l'homme politique, le voyageur, l'érudit, qui avaient leur terrain à eux, tout en sachant glaner sur tous. Aussi, quand venait le soir, on faisait la toilette de son esprit avec autant de soin et de recherche qu'on fait aujourd'hui celle de sa personne.

La variété piquante, la rapidité un peu frivole, le pétillement des paroles, le cliquetis des saillies qui se croisent, les sujets effleurés en passant, les éclairs et non pas une lumière soutenue, — la conversation, en un mot, ne pouvait jamais être qu'un délassement. Il y a chez les jeunes gens voués au travail une tendance qui s'est fait jour en tout temps et partout. Je veux parler du besoin de se réunir, de mettre en commun le fruit des heures studieuses. Tout les y excite, et l'émulation, et la nécessité du conseil, et le désir légitime d'observer sur d'autres âmes l'effet de ce que leur esprit a conçu. L'Académie, dirait-on, est un de leurs premiers instincts ; dans l'enfance, on copie les jeux virils de la jeunesse ; dans la jeunesse, on s'attache à imiter les œuvres sérieuses de l'âge mûr. Chaque génération a eu sa petite Académie.

En 1807, M. de Voisins était un des fondateurs du *Gymnase littéraire*, d'où sortirent « deux membres de » l'Académie française, cinq Mainteneurs et un Maître » tre ès Jeux Floraux, trois Auditeurs au Conseil » d'Etat, un Préfet, trois Députés et un Ministre du » Roi de France (1). » M. de Lamothe-Langon était le président, M. de Voisins le secrétaire perpétuel de cette assemblée juvénile, qui tenait régulièrement des séances où, avec un peu d'emphase, on déployait infiniment d'esprit.

On connaîtrait un homme rien qu'en connaissant ceux qu'il a aimés et qui l'ont aimé. M. de Voisins nous a appris lui-même quels étaient ceux qu'il avait recherchés à son entrée dans le monde, les premiers compagnons de sa jeunesse toujours digne, honnête et laborieuse. C'étaient, pour ne citer que les plus célèbres, Guiraud et Soumet, lisant alors leurs premiers vers ; — le vicomte de Panat, dont le nom réveille dans cette enceinte les souvenirs les plus brillants, et, dans mon cœur, les plus doux et les plus tristes ; — le comte Jules de Rességuier, le poëte des élégances exquises, des grâces émues du pays et de la famille, qui, du moins lui, ne nous a pas été ravi

---

(1) Éloge de M. Cavalié, Recueil de 1833, p. 163. Éloge d'Alexandre Soumet, Recueil de 1847, p. 10.

tout entier , puisque son cœur, son esprit et son nom sont toujours vivants au milieu de nous. (1) — Je n'en nommerai plus qu'un : cet ami , jamais oublié , était , en 1833 , en butte aux passions politiques les plus aveugles , et M. de Voisins , dans l'Éloge de M. Cavalié , eut occasion de faire une sorte d'acte de courage civil en proclamant son affection pour lui. C'était un proscrit alors , un ministre de la monarchie qui venait de tomber , le comte de Montbel. Grâces à Dieu , les temps sont changés , et ce nom , gravé sur une pierre modeste , dans un cimetière inconnu , au pied des montagnes de Styrie , est redevenu une des popularités légitimes de la ville dont il est une des gloires , et qui sait honorer le dévouement et la fidélité à toute épreuve , le malheur de l'exil volontairement et généreusement embrassé.

Le 27 février 1810, M. de Voisins , alors âgé de vingt-quatre ans, trouvait une compagne digne de lui. Il épousait Marie-Jeanne-Éline de Voisins, qui devait, pendant cinquante-cinq années, partager avec lui la lumière et l'ombre des bons et des mauvais jours.

Il ne devait pas tarder à se sentir de nouveau sollicité par l'attrait de la vie active. Quatre années à peine après son mariage, l'Empire s'écroulait. Libre de tout engagement envers lui, M. de Voisins vit tomber sans regret le gouvernement militaire qui , depuis quinze ans , présidait aux destinées de la France. En ce temps-là, Messieurs , la légende et l'épopée n'avaient pas pu s'emparer encore du grand Capitaine dont les armées victorieuses ne se lassaient pas dans leur course à travers les capitales. La gloire, à un demi-siècle de distance, ne ressemble pas à ce qu'elle est vue de près. Le sang s'est desséché sur les

(1) Le Cte Fernand de Rességuier , Secrétaire perpétuel de l'Académie des Jeux Floraux.

lauriers, reverdis par le souvenir. Mais, en 1814, au lendemain de ces guerres sans repos ni trève, dans un pays épuisé d'hommes, dans une nation dont la jeunesse était impitoyablement fauchée, et qui ne savait pas s'il y aurait jamais un terme à l'ambition personnelle et désordonnée de son chef, on ne manquait pas de patriotisme, parce qu'on voyait sans peine la chute de celui en qui s'incarnaient ces efforts démesurés, impuissants à la fin. M. de Voisins salua avec enthousiasme l'aurore d'une ère bienfaisante. Nommé officier dans la garde nationale de Toulouse, il se trouva, par sa position, témoin oculaire de faits importants ; et, plein du souvenir de mémorables paroles du duc de Wellington, prononcées en sa présence (1), il protesta toujours, avec la mâle fierté d'un patriote, et la dignité offensée d'un ami de la vérité contre cette accusation si avidement saisie du retour de la maison de Bourbon par l'aide des bayonnettes étrangères.

Dès lors, il se montra, ce qu'il fut toujours, partisan d'une souveraineté tempérée — ami du roi et de la liberté — plus disposé à garder pour un monarque le respect d'autrefois qu'à le répartir sur vingt-cinq millions de souverains (2). En 1817, il était promu au grade de lieutenant-colonel dans la garde nationale de Toulouse.

L'Académie des Jeux Floraux ne tarda pas à lui ouvrir ses rangs, Quatre élections avaient eu lieu le même jour. MM. Soumet, le Cte d'Hargenvilliers, d'Aubuisson de Voisins, et de Voisins-Lavernière, furent tous reçus le 28 février 1819, par M. Carré, sous-modérateur de l'Académie. M. de Voisins succédait au natura-

---

(1) Éloge de M. Cavalié. Recueil de 1833, p. 164.
(2) Discours de réception à l'Académie des Jeux Floraux. Recueil de 1819, p. 84.

liste célèbre, Picot de Lapeyrouse. Le remercîment était alors une courte harangue, dans laquelle le récipiendaire, après une expression courtoise de sa gratitude, traçait un exposé concis de ses doctrines littéraires. M. de Voisins s'y montra fermement classique, admirateur passionné du xviie siècle et du grand roi qui le domine. — Toujours préoccupé des hautes questions sociales, il traça un rapide et véhément tableau de la Révolution française. Il en parla comme on en parlait alors. On avait encore autour de soi, dans les salons, dans la rue, des victimes de la proscription et de l'échafaud. — On rencontrait des yeux qui avaient pleuré ; on voyait des têtes jeunes encore qui avaient blanchi de terreur et de désespoir. Les traces du sang étaient fraîches ; c'était comme au lendemain d'un orage, quand partout sur le sol on voit les marques de la dévastation. Il fallait bien des années, il fallait la disparition de tous les contemporains pour qu'on osât tenter de poétiser les bourreaux.

La tradition nous a dit ce que fut M. de Voisins à l'Académie. Esprit large et libéral, confrère aimable, ennemi de toute exclusion systématique, comme il l'était en politique de toute réaction violente, il fut toujours porté à la conciliation, à l'expansion. — Enclin à répandre ses doctrines par la bienveillance plus qu'à les imposer, il tint toujours compte des droits de la minorité et lui tendit une main loyale. Il prit à vos travaux une part considérable. Outre son discours de réception, il a laissé dans vos Recueils la Semonce (1842), les réponses aux remercîments de MM. Delquié et le vicomte de Raynaud (1843), de M. le comte de Tauriac (1843), de M. le marquis Tristan de Villeneuve (1848) ; enfin, l'éloge de M. Cavalié (1833), et celui d'Alexandre Soumet (1847), le plus développé de ses ouvrages imprimés, profonde et consciencieuse étude littéraire, où le jugement du critique n'avait pas à redouter la partialité de l'ami.

Dans tous ses écrits, on retrouve le fruit de ses abondantes lectures, un savoir étendu, des appréciations justes et un goût très-épuré; toujours la tolérance pour les personnes à côté de l'inébranlable fermeté des principes. Jamais il ne laisse échapper une occasion de manifester les sentiments chrétiens et politiques les plus élevés. Ses opinions en littérature sont sévères, peu favorables aux nouveautés; pourtant, il ne fut pas un *classique impénitent*. Il étudia avec amour les grands maîtres étrangers à la France; il se tint toujours au courant des idées de son temps; il ne fut pas insensible au lyrisme de l'école contemporaine; il le goûta dans son expression la plus pure, applaudit franchement à ses progrès réels; et quand ses excès aboutirent au déclin dont nous sommes les témoins attristés, depuis longtemps son intelligence ne se nourrissait plus que des livres marqués au sceau de l'immuable beauté.

Vers 1821, M. de Voisins quittait Toulouse pour n'y plus séjourner d'habitude que vingt ans après. C'est de 1821 à 1830 que se place sa vie politique.

La Restauration fut une époque glorieuse et féconde; on le reconnaît aujourd'hui. La justice se fait pour ce temps de progrès pacifique, pour ce régime de liberté qui vit éclore tant de gloires. Elles devaient fleurir sous un autre règne : *sic vos non vobis*. Membre du Conseil général du Tarn, très-influent, très-actif (1), M. de Voisins était aussi maire de la ville de Lavaur. Son heure était enfin venue : l'estime et l'amitié d'un des membres du cabinet, en 1830 (2), lui firent un de-

---

(1) De 1822 à 1830.

(2) M. de Montbel. — Les élections eurent lieu le 15 juin 1830. La Chambre nouvellement nommée fut dissoute par une des ordonnances du 25 juillet 1830, avant d'avoir été réunie.

voir de prendre part aux affaires générales du pays ;
il se présenta aux suffrages des électeurs et fut nommé
député.

Le moment était grave et solennel. La France avait
tiré l'épée ; le canon tonnait sur l'autre bord de la Mé-
diterranée. C'était comme un reflet des croisades sur
la rive où avait expiré saint Louis, et ses descendants
allaient faire tomber un des boulevards de l'Islam.
Pendant que nos soldats s'élançaient joyeux sur la
terre d'Afrique, et versaient les premières gouttes de
ce sang qui devait si longtemps et si souvent l'arroser,
sur le sol de la patrie un autre combat s'engageait :
la nation luttait contre son roi. Les dernières élections
de la monarchie eurent lieu pendant son dernier triom-
phe; il n'était pas dans sa destinée de vaincre à la fois
au dehors et au dedans.

Quelles que fussent les intentions des gouvernants ;
les personnes, les tendances supposées, les regrets attri-
bués à la Restauration, tout portait ombrage à l'esprit
révolutionnaire. La révolution est implacable; elle veut
marcher toujours. C'est l'avalanche qui broie en une
minute l'obstacle, arbre ou rocher, qui l'entrave.

Elle en était venue à regretter, au nom de la liberté,
l'homme de génie qui l'emportait à travers l'Europe ;
n'importe que sa main fût de fer ; il la faisait avan-
cer. Elle s'irrita donc de l'étape de quinze années
qu'on lui faisait faire, fondit sur la proie qui semblait
lui échapper, et la vieille monarchie de dix siècles
ne lui résista pas.

M. de Voisins était parmi les vaincus; il appartenait à la minorité ministérielle ; il avait voulu servir
un gouvernement dans lequel il trouvait une sage
pondération de l'autorité et de la liberté. Il avait la
noble ambition des services gratuits, qui n'est plus
compatible, dit-on maintenant, avec les mœurs d'une

société démocratique ; il était de ceux que les suffrages vont naturellement chercher. Le succès lui était acquis, ses vœux étaient comblés ; et à ce moment même le pouvoir auquel il allait donner un concours loyal et désintéressé succombait emporté en trois jours. M. de Voisins fut atteint d'un double coup, dans ses sympathies politiques et dans la réalisation de son rêve. Sa décision fut prompte : investi des fonctions municipales depuis une année à peine, appuyé sur une juste et digne popularité, il ne se hâta pas d'accepter le fait accompli. Avec le Sous-préfet de Lavaur (1), il refusa d'abaisser devant les couleurs nouvelles le drapeau blanc qui flottait de la veille sur les remparts du fort de l'Empereur et de la Kasbah ; il attendit, en maintenant l'ordre, la confirmation d'une nouvelle qui lui semblait une rumeur vaine et insensée ; et lorsqu'elle fut attestée par des ordres supérieurs, et que son successeur fut nommé, il céda. Pendant que la race de Henri IV et de Louis XIV reprenait noblement le chemin trop connu de l'exil, son serviteur fidèle rentrait sans ostentation dans la vie privée.

Dévoué à la maison de Bourbon, il avait immolé à ses convictions les espérances de sa jeunesse ; il sacrifia de même les succès de son âge mûr ; il ne comprenait pas deux serments dans une seule vie. Il ne voulut donc ni prendre part à l'action des hommes nouveaux, ni lutter contre eux dans les rangs d'une opposition courageuse. Il renonça, dans toute la plénitude de ses facultés, dans toute la vigueur de son âge, à cette part de pouvoir et d'influence vers laquelle il avait tendu si longtemps.

Il chercha une autre voie pour faire le bien. Il se dit que, dans une société dont des mains ennemies

______

(1) M. de Darthein.

et des intentions diverses se disputaient le gouvernail, il y avait autre chose à faire qu'à se lancer sur une pente où la conscience pouvait courir quelque hasard. La vie publique se fermait, le devoir du travail demeurait intact.

Il s'efforça de se créer une initiative privée ; il aida de toutes ses forces le mouvement agricole et industriel de son pays ; il y appliqua cette intelligence, ce zèle infatigable qu'il eût mis au service de la France dans les hautes fonctions auxquelles il avait aspiré. Il avait conservé une grande influence politique, et pendant toute la durée du règne de Louis-Philippe, scrupuleusement éloigné de tout, au point de n'avoir jamais émis lui-même le suffrage restreint et entravé de ce temps, il imprima à son parti une forte unité de direction, avec une habileté, une sagesse qui lui valurent des succès presque constants dans les élections de l'arrondissement qu'il avait un jour représenté.

Quant à lui, la Providence avait prononcé : tout ce qu'il avait voulu avait échoué ; il se courba sous l'arrêt avec la sérénité du sage et la soumission du chrétien. Quand il eut vieilli, quand les déceptions eurent perdu de leur amertume, il rendait grâces à Dieu de l'avoir arrêté chaque fois que les événements allaient le porter vers l'arène des passions politiques.

Un jour pourtant, pendant les trente-cinq années de sa retraite, il sentit se réveiller en lui le vieil homme. C'est qu'il fut saisi par ce que le cœur a de plus délicat et de plus sensible. Il eut cette satisfaction immense d'être dignement continué, de voir le but qui lui avait échappé atteint par un autre de son nom. Le gouvernement qu'il n'avait pas voulu servir avait entendu sonner à son tour l'heure sombre de la catastrophe suprême ; la France allait tenter autre chose, et M. de Voisins vit le suffrage universel appeler spontanément son fils parmi les fondateurs de l'ordre nouveau. Ce fut pour lui une année d'activité et d'agitation , de sollicitudes comme père et comme Français. Qu'allait devenir son pays, et quelle serait la part de responsabilité de chacun dans cette expérience imprévue? Ce fut encore un rêve. Il fut court ; et quand une autre joie paternelle lui fut donnée, elle fut de celles qui n'ont point de lendemains décevants ; elle lui vint de vous , lorsque vous appelâtes son fils à siéger avec lui dans cette assemblée , à y recueillir l'héritage des sentiments qu'il y avait laissés, et à réunir sur son nom de justes et nouvelles sympathies (1).

Tels furent les événements qui vinrent le distraire dans sa solitude tranquille et honorée. C'est là que je l'ai vu , entouré de l'estime et de l'affection publiques , donnant autour de lui l'exemple, cette féconde semence, naturellement et insciemment répandue par l'homme de bien et de cœur. Vivant dans le même horizon , mes premières années rencontrèrent l'indulgence et la bienveillante amitié de sa vieillesse qui commençait. Que ne puis-je , à l'aide de ces souvenirs , vous faire pénétrer dans cet intérieur dont chaque jour me faisait connaître le prix ! Vous révéler les secrets de la main la plus charitable, et du cœur le plus noblement généreux ! Vous montrer le père de famille, toujours bon , toujours aimé, entouré de quatre enfants, et bientôt voyant revenir autour de lui, par le mariage de sa fille aînée, le bruit et la gaîté de la première enfance, cette fraîche et gracieuse parure de la maison ?

Dieu ne lui donna pas de conserver toujours ce bonheur du foyer, le plus grand de tous, le seul vrai bonheur. Il avait éprouvé sa constance par la perte

(1) M. Etienne de Voisins-Lavernière , Député du Tarn à l'Assemblée constituante en 1848, Mainteneur des Jeux Floraux en 1858.

d'un fils qui touchait à sa quinzième année, il lui demanda un nouveau sacrifice : cette jeune mère (1), aimée de tous, indispensable à tant d'existences et qui fut enlevée dans tout l'éclat de la jeunesse et de la beauté. C'était une de ces blessures qui frappent en pleine poitrine et terrassent l'homme le plus fort. Le père chancela peut-être, mais le chrétien se releva pour étreindre sur son cœur saignant et déchiré, et son fils d'adoption et les quatre enfants sans mère, — legs suprême et sacré d'une de ses plus tendres affections !

Depuis ce moment, M. de Voisins se concentra de plus en plus dans sa famille et dans les consolations de la foi chrétienne. Dieu lui envoya d'autres joies ; il vit se former autour de lui des alliances qui lui furent chères, et naître d'autres petits enfants. Il accepta ce retour de bonheur ; il en jouit en le reportant à celui qui lui avait mesuré et les douceurs et les amertumes de la vie. Il vit ses amis disparaître un à un sans former d'amitiés nouvelles ; à chaque vide qui se faisait, la place devenait plus grande pour Dieu, mais l'homme du serment unique était aussi l'homme des amitiés rares et choisies ; et pourtant son aménité, sa bienveillance pour tous ceux qui l'approchaient étaient inaltérables. Il s'isolait de tout, mais il conservait pour tout un intérêt réel et sérieux. Il était parmi nous le représentant fidèle des anciens jours, et il applaudissait aux efforts des âges nouveaux ; il savait ce qu'on avait perdu dans la société ancienne, et il le regrettait ; il déplorait l'inconsistance des temps présents, mais il les voyait avec indulgence ; il avait foi dans sa patrie, et il espérait en l'avenir.

Il semblait se tenir à l'écart comme un blessé de

(1) Adrienne-Jeanne-Eline de Voisins-Lavernière, baronne de Rauchin, morte à trente-quatre ans, le 4 novembre 1845.

la vie — comme un vieux soldat qui assiste en spectateur désarmé aux luttes nouvelles

Il n'eut pas le rare privilége de vieillir sans souffrances ; il endura les maux de la vieillesse avec ce même grand cœur qui avait supporté les disgrâces politiques et les douleurs du foyer. Jamais l'égalité de son âme, sa patience et sa résignation ne furent troublées ou ébranlées. Plus il sentait l'infirmité de toutes choses d'ici-bas, plus il s'élevait ; et il s'était inévitablement produit ceci : c'est qu'à force de se détacher, l'âme restée pour ainsi dire indépendante, avait conservé toute sa vigueur, pendant que le corps s'affaissait sous le poids des années. Il était toujours resté jeune de cœur et d'esprit ; son caractère avait conservé tout son charme ; son exquise urbanité, tout son attrait. Il avait perdu une certaine rigidité de la taille, qu'il avait jadis, comme un emblème extérieur de son âme inflexible dans le bien. Les jours amoncelés avaient courbé sa tête ; l'homme intérieur n'avait pas fléchi.

Je le vois encore dans une longue galerie baignée de soleil, d'où ses regards embrassaient les riants ombrages du jardin paternel, et dont il faisait, l'été, son séjour de prédilection. Quand ses souffrances lui permettaient de recevoir les amis restés fidèles à sa retraite, on le trouvait toujours occupé d'une lecture ; il était facile d'en deviner l'objet ; les livres ont leur physionomie, et la tranche rouge. la reliure épaisse, désignaient clairement un de ces forts et pieux écrivains du XVIIe siècle, dont les doctrines avaient nourri sa jeunesse, et auxquelles il était resté invariablement attaché..... En toutes choses, je l'ai dit, c'était un homme qui ne changeait pas, et bien qu'il n'y eût pas de catholique plus soumis, les maximes sévères de Port-Royal et des docteurs de l'Eglise de France, avaient dès l'abord fixé son choix et gardé toujours ses préférences. Il ne fermait pas son livre, il le posait ouvert sur la page commencée. Il y avait là, dans cette habitude familière, comme une involontaire et imperceptible nuance. On voyait qu'après ce retour aux choses du monde, quand le visiteur l'aurait quitté, il reprendrait la lecture interrompue, et retournerait aux grands intérêts de l'autre vie, unique objet de l'étude et des méditations de ses vingt dernières années.

Dieu jugea enfin qu'il avait bien rempli sa tâche, et que son temps d'épreuve avait suffisamment duré. Le *Maître iour, le iour iuge de touts les aultres*, comme l'appelle Montaigne (1), se leva pour M. de Voisins.

Il mourut aux premiers jours de ce printemps 1865 (2), qui, retenu par un long hiver, fit une explosion si soudaine et si charmante. C'est une chose commune que de voir à ce moment de l'année, un plus grand nombre d'hommes disparaître, comme les jonchées de feuilles sèches tombent pour faire place à la verdure nouvelle. Si le regard ne se portait pas plus haut, il y aurait quelque chose de navrant à voir la nature elle-même aller au-devant du succès, ne sourire qu'aux heureux, aux triomphateurs. Tout ce qui a force, jeunesse, ardeur se retrempe au printemps. — Tout ce qui est faible et vieilli a lieu d'en redouter l'élan nouveau. Les arbres découronnés jettent quelques pâles verdures et meurent. Ainsi trop souvent parmi nous, des malades, des vieillards ; un retour de vie les soulève un instant, et c'est le dernier.

Notre vénérable doyen fut emporté par un mal qui avait depuis longtemps altéré sa robuste constitution

(1) Montaigne. — *Essais.* Livre 1er, chap. XVIII.
(2) M. de Voisins mourut à Toulouse, le 7 avril 1865.

et inquiété la tendre sollicitude de sa famille. La dernière lutte fut courte, mais cruelle ; il était encore plein de force, et la mort n'est pas clémente pour ces organisations vigoureuses qui opposent à la douleur une stoïque résistance. Ai-je besoin, après vous avoir raconté cette vie, de vous dire ce que fut cette mort ? De vous montrer comment finissait ce chrétien courageux, confiant et calme ; comment il recueillait toutes les forces de son âme, pour résumer sa vie sans reproches, et quels trésors de paix il trouvait dans la présence de ce Dieu dont il allait éprouver la justice et la bonté !

Tous les siens l'entouraient ; je me trompe : il y avait un vide autour de ce lit où s'accomplissait, dans toute la majesté chrétienne, cette scène grande et auguste, le départ d'une belle âme. Pendant que l'aïeul s'en allait vers Dieu, enveloppé de soins inquiets et touchants, de tendresses, de prières ferventes, de regards désolés ; loin de lui, dans un asile ouvert à toutes les misères, la fille de sa fille toujours regrettée, penchait peut-être sur quelque agonie morne et solitaire son front couvert du voile des angéliques filles de Saint-Vincent de Paul (1).

Le monde ne va pas vers qui le fuit. Il accepte, sans protester, les exils et les renoncements volontaires si regrettables qu'ils soient pour lui. Beaucoup parmi ceux qui sont ici n'ont pas connu l'homme de bien dont je me suis efforcé de saisir et de fixer les principaux traits. Il ambitionnait cet oubli, loin de le redouter. Dans l'humilité pieuse de son âme, M. de Voisins aurait demandé pour sa mémoire l'ombre et le silence qu'il avait choisis pour les dernières an-

---

(1) Mlle Marie de Ranchin, sœur de charité à la miséricorde de Beaumesnil (Eure), appartenant à la famille du comte Joseph de Maistre.

nées de sa vie. Il aurait voulu que son éloge public ne fût pas prononcé. L'Académie ne pouvait pas déférer à ce vœu. Je l'aurai peut-être bien involontairement satisfait, si la faiblesse de ma voix n'a pu faire apparaître devant vous, dans toute sa valeur, cette figure un peu austère, mais adoucie par l'expression de la plus virile et de la plus réelle bonté.

Privée d'un confrère qui avait fait des lettres un des cultes de sa vie, l'Académie ne pouvait mieux remplir sa place qu'en lui donnant pour successeur un homme dont la vocation est de les faire aimer. Il vous aurait choisi, Monsieur (1), comme nous l'avons fait. Ma tâche est terminée. J'ai exprimé les regrets de l'Académie; un autre a la mission de dire ses espérances. J'ai parlé le langage du passé; une voix éloquente, plus autorisée (2) que la mienne, fera entendre celui de l'avenir. L'auditoire distingué qui nous entoure est impatient de vous écouter; il vous connaît ! Les applaudissements qui vont vous saluer et vous interrompre plus d'une fois, sont l'écho de ceux qui accueillent depuis plusieurs années, dans une salle voisine, votre haut enseignement sur les littératures étrangères. Si nos règles ne me permettent pas de parler de vos mérites, Monsieur, elles me laissent un privilége, et j'en suis jaloux : c'est de vous dire le premier combien nous les apprécions, et de vous donner, sur ce seuil où m'accueillait naguère l'hospitalité la plus bienveillante, une franche et cordiale parole de bienvenue.

(1) M Gustave d'Hugues, professeur de Littérature étrangère à la Faculté des Lettres de Toulouse.

(2) M. Gatien-Arnoult, professeur de philosophie à la Faculté des Lettres, modérateur, chargé de répondre au récipiendaire.

Toulouse, Impr DOULADOURE-ROUDET FRÈRES et DELAHAUT, succrs, rue St-Rome, 39.

www.ingramcontent.com/pod-product-compliance
Lightning Source LLC
Chambersburg PA
CBHW061141050726
47594CB00005B/2282